Beate Pöhlmann

Mama, näh mir was!

Nähprojekte fürs Kinderzimmer

OZ creativ

Liebe Leserin, lieber Leser,

Kinder bringen Lebendigkeit und Farbe in unser Leben und lassen uns an ihren Fantasiewelten teilhaben. Tauchen Sie gemeinsam ein in die Welt der Ritter, gruseln Sie sich mit lachenden, kleinen Monstern oder verbringen Sie mit der Puppenfamilie einen beschaulichen Nachmittag im Grünen. Vielleicht erfinden Sie dabei zusammen mit Ihren Kindern neue Spiele? Bei den zahlreichen kleinen und großen Modellen ist für das Kindergartenkind, den ABC-Schützen, aber auch für junge Teenager etwas dabei. Außerdem gibt es in jedem Kapitel Projekte und Ideen, die die Kinder selber gestalten: Bänder flechten, Pappe und Papier schneiden, etwas bekleben, Holz sägen, Wackelmonster kochen oder einfach einen schönen Blumenkranz binden.

Genießen Sie die Zeit mit Ihren Kindern beim Nähen, Basteln und Spielen!
Dabei wünsche ich Ihnen viel Freude,

Beate Pöhls

Inhalt

Monster und Aliens

Jetzt wird's gruselig! Monster und Aliens belagern das Kinderzimmer! Aber so sehr sie sich auch Mühe geben, Angst und Schrecken zu verbreiten – die kleinen, lachenden Monster können beim besten Willen nicht verbergen, dass sie lieber lachen und Blödsinn machen.

Monster-Glücksbringer

Größe: ca. 20 x 16 cm · Vorlagen 4A–C (Bogen A)

Material

Maße inkl. 0,75 cm Nahtzugabe. Die Vorlagen enthalten keine Nahtzugabe, beim Zuschnitt 0,75 cm Nahtzugabe hinzugeben.

Für 2 Monster

Baumwollstoffe:
- 20 x 140 cm in Grün (Körper)
- 10 x 10 cm in Lila
- 10 x 10 cm in Lila gestreift
- 10 x 40 cm in Lila gemustert

Bastelfilz:
- 15 x 10 cm in Weiß
- 3 x 3 cm in Schwarz

Sonstiges:
- 15 cm lila Kordel
- 2 Knöpfe, ca. ø 1,5 cm
- beidseitig aufbügelbares Appliziervlies
- Füllwatte

So wird's gemacht

Jedes **Monster** laut Vorlagen 4A und 4B 1-mal auf die linke Stoffseite (in Grün) übertragen und zzgl. 0,75 cm Nahtzugabe zuschneiden. Die **Gesichter**, wie beim Monster-Kissen auf Seite 14 beschrieben, applizieren. Die **Kordel** bei Monster 4A als Mund leicht wellenartig aufstecken und mit Zickzackstich in passender Garnfarbe aufsteppen. Für die **3 Zacken** (Monster 4B) den Stoff (Lila gemustert) links auf links legen, die Zacken laut Vorlage 4C 3-mal aufzeichnen und die Linien bis auf die Unterkante nachnähen. Anschließend die Zacken ringsum zzgl. 0,75 cm Nahtzugabe mit einer Zackenschere ausschneiden.

Die beiden Monster-**Vorderseiten** rechts auf rechts auf ein entsprechend großes Rechteck in Grün stecken, dabei bei Monster 4B die 3 Zacken am Kopf zwischenfassen (die offenen Unterkanten liegen dabei auf den Außenkanten, die Zacken liegen innen) und die aufgezeichneten Körperumrisse nachnähen, dabei an einer Seite eine kleine Wendeöffnung offen lassen.

Den überstehenden Stoff bis auf Nahtzugabenbreite zurückschneiden, die Nahtzugaben an den Rundungen einschneiden. Wenden, bügeln und vorsichtig mit Füllwatte ausstopfen. Die Wendeöffnungen von Hand schließen. Zum Schluss die Knöpfe als Pupillen aufnähen.

Monster-Cape

Größe: ca. 70 cm lang · Vorlagen 4H–K (Bogen A)

Material

Maße inkl. 0,75 cm Nahtzugabe. Die Vorlagen
enthalten keine Nahtzugabe, beim Zuschnitt 0,75 cm
Nahtzugabe hinzugeben.

Baumwollstoffe:
- 250 x 110 in Schwarz gemustert (Cape, Stirnklappe)
- je 30 x 80 cm in Grün, Lila und Lila gemustert
  (Zacken)
- 30 x 80 cm in Lila gestreift (Stirnklappe)

Bastelfilz:
- Reste in Weiß und Schwarz (Stirnklappe)

Sonstiges:
- Rest beidseitig aufbügelbares Appliziervlies
- 2 Stücke à 50 cm schwarze Kordel

So wird's gemacht

Für insgesamt **12 lila Zacken** (in Lila, Lila gestreift und Lila gemustert) sowie **8 grüne Zacken** die jeweiligen Stoffe rechts auf rechts falten, die Zacken laut Vorlage 4H in unterschiedlichen Größen aufzeichnen und mit Nahtzugabe zuschneiden. Die Zacken auf der aufgezeichneten Linie bis auf die Unterkante zusammensteppen, die Nahtzugaben an den Spitzen schräg beschneiden, wenden und gut bügeln.

Für das **Cape** je 2-mal (davon 1-mal gegengleich) das Vorder- und Rückteil laut Vorlage 4I sowie 4-mal (davon 2-mal gegengleich) die Kapuze laut Vorlage 4J und 2-mal die Stirnklappe laut Vorlage 4K in Schwarz zzgl. 0,75 cm Nahtzugabe zuschneiden. Die Vorder- und Rückteile des Capes an den Seitennähten jeweils rechts auf rechts aneinanderstecken (zuerst 1 Vorderteil, anschließend 2 Rückteile, anschließend wieder 1 Vorderteil), dabei insgesamt 4 Zacken nach Belieben auf die 3 Nähte verteilen und zwischenfassen (die offenen Unterkanten der Zacken liegen dabei auf den Außenkanten, die Zacken liegen innen). Die Teile aneinandernähen, dabei werden auch die Zacken festgenäht. Die Nähte zusammen versäubern. An beiden vorderen Seitenkanten je 2 Zacken rechts auf rechts feststecken und festnähen. Die Nähte versäubern, umklappen und feststeppen.

Auf eine **Stirnklappe** das Auge applizieren. Die entsprechenden Teile dafür aus den entsprechenden Stoffen bzw. Filz zuschneiden und wie beim Monster-Kissen auf Seite 14 beschrieben herstellen. Vorder- und Rückteil des Stirnteils rechts auf rechts stecken, an der Rundung und den beiden Seiten zusammennähen, wenden und bügeln.

Für die **Kapuze** zunächst die Abnäher zusammennähen. Anschließend je 2 gegengleiche Kapuzenhälften rechts auf rechts legen und an der Mittelnaht zusammennähen, dabei an der Außenkapuze 4 Zacken zwischenfassen. Beide Kapuzenteile rechts auf rechts ineinanderstecken. Die Stirnklappe liegt dabei auf der Innenkapuze, die offenen Kanten liegen auf der Unterkante der Kapuze. Kapuzenrand zusammennähen und die Kapuze durch die Unterkante auf rechts wenden, Kapuze an die rückwärtige Mitte des Capes nähen. Die Nähte zusammen versäubern. Die beiden Kordelstücke rechts und links unterhalb der Kapuze an das Cape nähen.

Monster-Gardine

Größe: 40 x 35 cm • Vorlagen 4D–F (Bogen B)

Material

Maße inkl. 0,75 cm Nahtzugabe. Die Vorlagen enthalten keine Nahtzugabe, beim Zuschnitt 0,75 cm Nahtzugabe hinzugeben.

Für 1 Gardine mit 4 Monstern

Baumwollstoffe:
• 100 x 140 cm in Grün (Monsterkörper, Schwanz und Aufhängetunnel)
• 20 x 20 cm in Lila (Gesichter)
• 10 x 110 cm in Lila gemustert (Gesichter, Zacken)
• 10 x 110 cm in Lila gestreift (Gesichter, Zacken)

Bastelfilz:
• 30 x 40 cm in Weiß (Gesichter)
• 30 x 40 cm in Schwarz (Gesichter)

Sonstiges:
• 50 cm lila Kordel (für den Mund)
• 80 cm leichtes, aufbügelbares Volumenvlies, 90 cm breit
• 15 cm leichte, aufbügelbare Schabrackeneinlage, 90 cm breit
• 20 x 45 cm beidseitig aufbügelbares Appliziervlies

So wird's gemacht

Für **4 Monster** die Körperkonturen laut Vorlagen 4D und 4E je 4-mal in Grün zuschneiden (davon je 2-mal gegengleich), dafür den Stoff am besten rechts auf rechts falten. Auf die linken Stoffseiten der Vorderseiten jeweils Vlies bügeln.

Für die **Gesichter** die Augen, den Mund und die Zähne laut Vorlagen 4D und 4E je 2-mal spiegelverkehrt auf das Trägerpapier des Appliziervlieses aufzeichnen, grob ausschneiden und auf die Rückseiten des lila oder gemusterten Stoffes bzw. des Filzes bügeln (beim Filz unbedingt ein Bügeltuch benutzen). Trägerfolie abziehen und die Gesichter aufbügeln (auf die Reihenfolge der einzelnen Elemente achten), dabei das Gesicht von Monster 4D je 1-mal auf den Monsterkörper 4D und 4E und das Gesicht von Monster 4E je 1-mal auf den Monsterkörper 4D und 4E aufbügeln, um mehr Variationen zu erhalten. Alle Applikationen noch einmal knapp entlang der Konturen mit dem Geradstich aufsteppen.

Die **Kordel** in 2 Stücke von 25 cm Länge schneiden und bei 2 Monstern als Mund leicht wellenartig aufstecken und mit Zickzackstich in passender Garnfarbe festnähen.

Für die **Kopf- und Schwanzzacken** den lila und gemusterten Stoff rechts auf rechts falten. Bei den Kopfzacken zuvor leichte Schabrackeneinlage auf die linke Stoffseite bügeln. Die Zacken laut Vorlage 4F in gewünschter Anzahl auf die Rückseiten aufzeichnen, die Lagen entlang der Linien bis auf die Unterkante zusammensteppen, anschließend die Zacken mit Nahtzugabe ausschneiden, wenden und bügeln.

Für den **Schwanz** 2 Streifen von 4 x 25 cm 4-fach falten (die Schnittkanten liegen innen) und bügeln. An einer Schmalseite ca. 1 cm nach innen klappen. Die Schwanzzacken zwischen den offenen Bruchkanten zwischenfassen und den Streifen entlang beider Längskanten absteppen, dadurch werden auch die Zacken festgenäht.

Für **4 Aufhängetunnel** 2 Streifen von 10 x 20 cm und 2 Streifen von 10 x 15 cm in Grün längs rechts auf rechts falten, die langen Seiten jeweils zusammennähen, wenden, die Naht in die Mitte der Rückseite verschieben und bügeln. Am Anfang und am Ende je 1,5 cm Saum nach innen klappen und feststeppen. Die Tunnel an den Längsseiten ca. 5 cm vom oberen Rand entfernt mittig auf die Rückseite der Monster entlang beider Längsseiten aufsteppen.

Fertigstellen

Jedes Vorderteil auf das dazugehörige Rückteil bündig rechts auf rechts stecken, dabei ggf. die Kopfzacken zwischenfassen (die offenen Unterkanten liegen dabei auf den Außenkanten, die Zacken liegen innen), und die Figuren bis auf die Wendeöffnung ringsum zusammennähen. Die Nahtzugaben an den Rundungen etwas einschneiden, die Teile vorsichtig wenden und bügeln. Die Wendeöffnung von Hand schließen, dabei Schwänze in die Wendeöffnung stecken und festnähen.

Monster-Kissen

Größe: 40 x 40 cm • Vorlagen 4G–H (Bogen A)

Material

Maße inkl. 0,75 cm Nahtzugabe. Die Vorlagen enthalten keine Nahtzugabe, beim Zuschnitt von Vorlage 4H 0,75 cm Nahtzugabe hinzugeben, Vorlage 4G ohne Nahtzugaben zuschneiden.

Für 1 Kissen

Baumwollstoffe:
• 40 x 40 cm in Grün (Körper)
• 15 x 20 cm in Lila (Mund)
• 45 x 110 cm in Lila gemustert (Kissenhülle)
• 50 x 110 cm in Lila gestreift (Zacken)

Bastelfilz:
• 15 x 15 cm in Weiß
• 5 x 5 cm in Schwarz

Sonstiges:
• 40 x 45 cm beidseitig aufbügelbares Appliziervlies
• 40 x 45 cm Stickvlies
• 1 Kissenfüllung, 40 x 40 cm

So wird's gemacht

Für die **Kissenhülle** für die Vorderseite 1 Quadrat von 42 x 42 cm, für die Rückseite 1 Rechteck von 42 x 40 und 1 Rechteck von 42 x 22 cm in Lila gemustert zuschneiden.

Für das **Monster** den Körper 1-mal laut Vorlage 4G ohne Nahtzugabe zuschneiden. Augen und Mund des Monsters laut Vorlage 4G spiegelverkehrt auf das Trägerpapier des Appliziervlieses übertragen, grob ausschneiden auf die Rückseiten des lila oder gestreiften Stoffes bzw. des Filzes bügeln (beim Filz unbedingt ein Bügeltuch benutzen) und die Motive exakt ausschneiden. Trägerfolie abziehen und das Gesicht auf den Körper bügeln, dabei auch auf die Reihenfolge der einzelnen Elemente achten.

Das Monster auf die Kissenvorderseite stecken, ein entsprechend großes Stück Stickvlies unter die Arbeit legen und das Monster ringsum mit Zickzackstich aufsteppen.

Für die **Zacken** den gestreiften Stoff rechts auf rechts falten. 10 breite und 10 spitze Zacken laut Vorlage 4H mal längs- und mal quergestreift aufzeichnen und zzgl. 0,75 cm Nahtzugabe zuschneiden. Die Zacken auf der aufgezeichneten Linie bis auf die Unterkante zusammensteppen, die Nahtzugaben an den Spitzen schräg beschneiden, wenden und gut bügeln. An jeder Kissenseite jeweils 5 Zacken gleichmäßig verteilt feststecken (die offenen Unterkanten liegen dabei auf den Außenkanten, die Zacken liegen innen) und innerhalb der Nahtzugabe feststeppen.

Fertigstellen

Für die Rückseite (= Hotelverschluss) an beiden Rechtecken je eine 42 cm lange Kante 2-mal 2 cm nach links ein- und umschlagen, bügeln und feststeppen. Beide Kissenrückseiten rechts auf rechts auf die Kissenvorderseite legen, die gesäumten Kanten zeigen zur Mitte, das 22 cm hohe Teil liegt auf dem 40 cm hohen Teil. Ringsum zusammennähen und die Nahtzugaben zusammen versäubern. Das Kissen wenden und bügeln. Die Kissenfüllung hineingeben.

Wackelmonster!

Jetzt bist DU dran!

So wird's gemacht

Gib den Inhalt des Beutels in eine Rührschüssel. Füg 500 ml kochend heißes Wasser hinzu, und rühr alles sofort mit einem Schneebesen etwa eine halbe Minute durch, bis sich alles gelöst hat. Verteil die Flüssigkeit in Glasschalen, die du zuvor bereitgestellt hast. Anschließend stellst du die Schüsseln für mindestens zwei Stunden in den Kühlschrank. So wird der Pudding fest. Zum Schluss gestaltest du Gesichter mit Weingummischnüren, -plättchen und -bonbons.

Puppenmutti

18

Vater, Mutter, Kind spielen ... Mit diesen Sachen macht es ... süßen Himmelbettchen hat es ... und wenn es mit Mami zum Pick... auf der gemütlichen Decke die mit dem Körbchen.

Puppenbettwäsche und Betthimmel

Größen: 15 x 15 cm (Kopfkissen), 25 x 35 cm (Bettdecke), 25 x 50 cm (Betthimmel)

Material

Maße inkl. 0,75 cm Nahtzugabe.

Für das Kopfkissen
Baumwollstoffe:
• 16,5 x 16,5 cm in Bunt geblümt
Sonstiges:
• etwas Füllwatte

Für die Bettdecke
Baumwollstoff:
• 30 x 30 cm in Bunt geblümt
• 3 x 30 cm in Lila (Paspel)
• 30 x 50 cm in Grün
Sonstiges:
• 50 x 70 cm dünnes Volumenvlies

Für den Betthimmel
Baumwollstoff:
• 25 x 110 cm in Bunt geblümt
Sonstiges:
• 100 cm lila Vichy-Karo-Rüsche

So wird's gemacht

Für das **Kopfkissen** die 2 Quadrate rechts auf rechts legen und ringsum bis auf eine Wendeöffnung zusammennähen. Die Nahtzugaben an den Ecken schräg beschneiden, wenden und bügeln. Das Kissen mit etwas Füllwatte stopfen und die Wendeöffnung von Hand schließen.

Für die **Bettdecke** aus dem grünen Stoff 1 Rechteck von 12,5 x 26,5 cm zuschneiden. Für die Paspel aus dem lila Stoff 1 Streifen von 3 x 26,5 cm zuschneiden, längs links auf links zur Hälfte falten und bügeln. Die Paspel mit den offenen Kanten knappkantig an eine lange Seite des grünen Rechtecks nähen. Aus dem bunt geblümten Stoff 1 Rechteck von 24,5 x 26,5 cm zuschneiden und eine lange Seite rechts auf rechts bündig an die Kante mit der Paspel legen und festnähen. Die Nahtzugaben zum grünen Stoff bügeln und von der rechten Seite absteppen.

Für die Rückseite aus dem grünen Stoff 1 Rechteck von 26,5 x 36,5 cm und 2 Rechtecke aus Vlies in gleicher zuschneiden. Die Vorder- und Rückseite rechts auf rechts aufeinanderlegen und anschließend auf die beiden Vliesstücke legen. Die Lagen ringsum bis auf eine Wendeöffnung zusammennähen. Wenden und die Wendeöffnung von Hand schließen.

Für den **Betthimmel** den Stoff rechts auf rechts zur Hälfte falten (auf 25 x 55 cm). Eine Seite 10 cm weit (ab der Bruchkante aus gemessen) zusammennähen. Die Nahtzugaben auseinanderbügeln und die Naht an beiden Seiten von rechts bis zur Bruchkante feststeppen. Den Himmel auf rechts wenden.

Für den Tunnel, durch den die Himmelchenstange gesteckt werden soll, die Bruchkante im Abstand von 1 und 4 cm breit absteppen. Für den Saum die Unterkante je 2 cm nach links ein- und umschlagen und feststeppen. Die Rüsche rechts auf rechts an den vorderen Seitenkanten annähen, umklappen und die Nahtzugabe von rechts feststeppen.

Picknickdecke

Größe: 70 x 70 cm

Material

Maße inkl. 0,75 cm Nahtzugabe.

Baumwollstoffe:
- A: 25 x 90 cm in Bunt geblümt
- B: 15 x 50 cm in Lila gemustert
- C: 75 x 140 cm in Grün
- D: 10 x 140 cm in Pink
- E: 30 x 110 cm in Hellem Lila (Umrandung)

Sonstiges:
- 75 x 75 cm Volumenvlies

Zuschneiden

A: 4 Quadrate von 21,5 x 21,5 cm

B: 4 Quadrate von 11,5 x 11,5 cm

C: 4 Quadrate von 11,5 x 11,5 cm

   1 Quadrat von 21,5 x 21,5 cm

   4 Rechtecke von 21,5 x 11,5 cm

   1 Quadrat von 71,7 x 71,5 cm (Rückseite)

D: 4 Streifen von 3 x 61,5 cm (Paspel)

E: 2 Streifen von 6,5 x 61,5 cm (Umrandung)

   2 Streifen von 6,5 x 71,5 cm (Umrandung)

So wird's gemacht

Für die **Vorderseite** die Quadrate und Rechtecke laut Schemazeichnung zusammennähen. Dafür zunächst die kleinen Quadraten mit einem Rechteck zusammennähen, anschließend mit den großen Quadraten zu Reihen zusammennähen und zum Schluss die Reihen aneinandernähen.

Die Streifen für die **Paspel** links auf links zur Hälfte, bügeln und die offenen Kanten knappkantig rings um die mittlere Fläche nähen.

Für die **Umrandung** zunächst die kürzeren Streifen an gegenüberliegende Seiten nähen, aufklappen und bügeln, anschließend die längeren Streifen an die beiden anderen gegenüberliegende Seiten nähen, aufklappen und bügeln.

Fertigstellen

Die Vorderseite rechts auf rechts auf die Rückseite und beides zusammen auf das Volumenvlies legen. Die Lagen aufeinander fixieren und ringsum bis auf eine Wendeöffnung zusammennähen. Die Decke wenden und die Wendeöffnung von Hand zunähen. Die Umrandung entlang der Naht absteppen.

Picknickkorb

Größe: 13 cm (Höhe), ø ca. 18 cm

Material

Maße inkl. 0,75 cm Nahtzugabe.

Baumwollstoffe:
• 20 x 60 cm in Bunt geblümt (Abdeckung)
• 35 x 50 cm in Lila gemustert (Futter Korb/Träger)
• 35 x 50 cm in Grün (Außenseite Korb, Träger)

Sonstiges:
• 30 x 40 cm dickes, aufbügelbares Volumenvlies
• 2 Stücke à 60 cm lila Kordel
• lila Nähgarn

So wird's gemacht

Für die Außenseite des Korbs je 1 Rechteck von 40 x 30 cm in Grün und Vlies zuschneiden. Das Vlies auf die Rückseite des grünen Stoffes bügeln. Auf dem grünen Stoff diagonale Linien mit 5 cm Abstand markieren und mit lila Garn absteppen.

Für den Korb die Außenseite auf 38 x 29 cm zurückschneiden und für das Futter 1 gleich großes Rechteck in Lila gemustert zuschneiden. Beide Teile jeweils rechts auf rechts zur Hälfte falten (auf 19 cm x 29 cm) und an den kurzen Seiten zusammennähen. Die Nahtzugaben auseinanderbügeln und die Bruchkante des Bodens einbügeln. Für beide Bodenecken in Außenseite und Futter die Seitennähte jeweils auf der gebügelten Bodenkante ausrichten und 6 cm von der Ecke entfernt eine 12 cm lange Quernaht absteppen.

Für die Abdeckung aus dem Bunt geblümten Stoff 2 Rechtecke von 29 x 16 cm zuschneiden. Die Stoffkanten mit Zickzackstich versäubern, rechts auf rechts übereinanderlegen und an beiden kurzen Seiten zusammennähen, dabei jeweils 6 cm vor der Oberkante stoppen (also die Naht offen lassen) und die Naht verriegeln. Die Nahtzugaben an den Schlitzen zur linken Stoffseite klappen und feststeppen. Für den Zugtunnel die Oberkante je 1,5 cm ein- und umschlagen und feststeppen.

Für den Träger aus grünem Stoff 2 Streifen von 4,5 x 32 cm und aus dem lila gemusterten Stoff 2 Streifen von 4 x 32 cm zuschneiden. Je 1 grünen und 1 lila Streifen rechts auf rechts legen, die langen Seiten jeweils bündig aneinander ausrichten und zusammennähen. Die Streifen wenden, bügeln und entlang beider Längskanten knappkantig absteppen. Außentasche und Futter links auf links ineinanderstecken. Den Deckel rechts auf rechts bündig rings um die Außentasche stecken. Die Träger seitlich zwischen Außentasche und Deckel, jew. 4 cm von der Taschenmitte entfernt, zwischenfassen. Die Oberkanten zusammennähen, den Deckel und die Nahtzugaben nach innen und unten klappen und die Oberkante noch einmal 1 cm breit absteppen.

Fertigstellen

Die Kordeln von beiden Seiten einmal rings durch den Tunnel ziehen. Die Enden verknoten.

Du brauchst:

- Gänseblümchen oder andere Wiesenblumen mit langen Blütenstängeln (zum Beispiel Löwenzahn)
- eventuell einen dünnen Bindfaden

Gänseblümchen-Kranz

So wird's gemacht

Je nachdem, wie groß dein Kopfumfang ist, pflückst du etwa 20 bis 30 Gänseblümchen mit langen Stängeln. Leg das erste Gänseblümchen vor dich hin. Leg ein zweites Gänseblümchen neben die erste Blüte und schlinge den Blütenstängel des zweiten Gänseblümchens um den Stängel des ersten Gänseblümchens.

Schlinge so viele Blümchen an, bis du etwas mehr als die Länge deines Kopfumfangs gebunden hast. Den Anfang und das Ende des Kränzchens verbindest du mit einem langen, stabilen Grashalm oder mit einem dünnen Bindfaden.

So machst du das auch mit allen anderen Blümchen. Den dritten Blümchenstängel schlingst du also um den zweiten Stängel, den vierten um den dritten und so weiter.

Ritter und Burgfräulein

Mutige Ritter und schöne Burgfräulein – das ist die richtige Mischung für Geschichten von Abenteuer und Leidenschaft. Im Handumdrehen sind Kinderzimmer, Garten oder Balkon mit Ritterzelt und all den anderen wunderbaren Sachen in ein mittelalterliches Ambiente getaucht.

Ritterzelt

Größe: ca. 170 cm hoch, ø 100 cm • Vorlagen 1G–I (Bogen B)

Material

Maße inkl. 0,75 cm Nahtzugabe. Die Vorlagen enthalten keine Nahtzugabe, beim Zuschnitt 0,75 cm Nahtzugabe hinzugeben.

Baumwollstoffe:
Für die Zinnen
• 90 x 140 cm in Hellgrün

Für das Dach
• 65 x 140 cm in Orange
• 65 x 140 cm in Gelb
• 16 x 50 cm in Hellgrün

Für das Zelt
• 300 x 150 cm in Gelb (Zelt)
• 25 x 150 cm in Orange (Zelt)
• 40 x 40 cm Orange (Wappen)
• 40 x 40 cm in Hellgrün (Wappen)
• 12 x 80 cm in Mittelgrün (Wappen)

Sonstiges:
• 40 x 90 cm Stickvlies (Wappen applizieren)
• 80 cm Klettband in Gelb
• 1 Hula-Hoop-Reifen, ca. ø 100 cm

So wird's gemacht

Die Zinnen laut Vorlage 1I 16-mal zzgl. 0,75 cm Nahtzugabe zuschneiden und je 8 zu einer Reihe zusammennähen. Beide Reihen rechts auf rechts stecken, den unteren Zackenrand und die Schmalseiten vom Anfang und Ende zusammennähen. Die Nahtzugaben in den Ecken bis kurz vor die Naht einschneiden. Die Zinnen wenden und gut bügeln. Den oberen Rand zusammengefasst versäubern.

Das Dach laut Vorlage 1H je 4-mal in Gelb und Orange zzgl. 0,75 cm Nahtzugabe zuschneiden. Abwechselnd je 2-mal 2 Teile in Orange und Gelb zusammennähen (= 2 Dachteile). Die Nahtzugaben zusammen versäubern, zur Seite klappen und von rechts feststeppen.

Für die Dach-Aufhängung den Streifen 16 x 50 cm 4-fach falten (die Schnittkanten liegen innen), bügeln und entlang beider Längskanten absteppen. Beide Dachteile rechts auf rechts stecken. Den Aufhängestreifen zur Hälfte falten und an der Spitze des Daches zwischenfassen. Beide Seitennähte schließen, dabei den Aufhänger an der Spitze gut sichern. Die Nahtzugaben zusammen versäubern, zur Seite klappen und feststeppen.

Für die Zeltwand 2 Quadrate von 150 x 150 cm in Gelb zuschneiden und an einer Kante rechts auf rechts zusammennähen. Die Nahtzugaben zusammen versäubern, zur Seite klappen und feststeppen.

Für die Einfassung am Zelteingang 2 Streifen von 12 x 150 cm in Orange zuschneiden, jeweils links auf links zur Hälfte falten und die Bruchkanten absteppen. Die Streifen rechts auf rechts an die Seitenkanten des gelben Stoffes (= Eingang) stecken, festnähen, die Nahtzugaben zusammen versäubern, umklappen und von rechts feststeppen.

Die Wappen wie beim Ritterschild herstellen (siehe Seite 34) und rechts und links vom Eingang applizieren.

Für den Zeltsaum die Unterkante 1 cm ein- und 3 cm nach innen umschlagen, bügeln und den Saum von rechts feststeppen.

Für die Befestigung des Hula-Hoop-Reifens im Zeltinnern das Klettband in 8 Stücke von 10 cm schneiden, je 1 Flausch- und Hakenseite mit den Rückseiten zusammenlegen und knappkantig zusammennähen.

Fertigstellen

Die Unterkante des Daches und die Oberkante des Zelts rechts auf rechts legen und feststecken, dabei den Zelteingang etwas überlappen lassen. Die Zinnen zwischenfassen. Die Kante ringsum zusammennähen und die Nahtzugaben zusammen versäubern. Die schmale Kante der Klettbandstücke von innen an den Segmenten des Daches festnähen, 3 cm nach oben klappen und nochmals festnähen. Die überstehenden Enden der Klettbandstücke um den Hula-Hoop-Reifen wickeln, um ihn zu befestigen.

Du brauchst:

Baumwollstoff:
- 35 x 110 cm in Grau (Hut)

Organza:
- 50 x 140 cm in Orange (Schleier)

Sonstiges:
- 35 x 35 cm feste, aufbügelbare Schabrackeneinlage
- jew. 60 cm Zackenlitze in Orange und Grün
- 30 cm Hutgummi
- Bastelkleber
- Nietenzange

Höhe: 35 cm

Burgfräuleinhut

So wird's gemacht

Zeichne einen Halbkreis mit 35 cm Radius auf die Schabrackenein-lage und schneide ihn aus. Bügel den grauen Stoff auf die Einlage (bügel dabei von der Stoffseite und leg die Einlage darunter). Dreh den Halbkreis bis auf deinen Kopfumfang ein. Dann klebst du die Überlappung an den Seiten aufeinander fest.

Schneide an der Spitze ein Loch für den Schleier. Die Zackenlitze klebst du am unteren Rand auf. Knote den Schleierstoff in der Mitte und steck den Knoten durch das Loch.
Nun noch am Rand 2 gegenüberliegende Löcher mit einer Nietenzange ausstanzen, ein Hutgummi durch die Löcher fädeln und die Enden an jeweils einem Loch festknoten.

mit Schleier

Jetzt bist DU dran!

Ritterschild

Größe: 45 x 35 cm • Vorlage 1G (Bogen B)

Material

Maße inkl. 0,75 cm Nahtzugabe. Die Vorlagen enthalten keine Nahtzugabe, beim Zuschnitt 3 cm Nahtzugabe hinzugeben.

Baumwollstoffe:
• 50 x 110 cm in Grau
• 20 x 40 cm in Orange
• 20 x 40 cm in Hellgrün
• 10 x 80 cm in Mittelgrün

Sonstiges:
• 40 x 90 cm Stickvlies
• 70 x 150 cm hochbauschiges Volumenvlies
• 12 cm Gummiband in Weiß, 6 cm breit
• Sprühkleber

So wird's gemacht

Für das **Wappen** je 2 Rechtecke von 14 x 18 cm in Orange und Hellgrün und je 2 Streifen von 5,5 x 18 cm in Mittelgrün zuschneiden. Je 1 Streifen in Mittelgrün zwischen ein Quadrat in Orange und Gelb nähen. Anschließend 1 Streifen von 5,5 x 30 cm in Mittelgrün zwischen diese beiden Teile nähen, gleiche Farben sind dabei diagonal angeordnet (siehe Foto). Bügeln.

Die Vorlage 1G für das Wappen von links aufstecken und die Linien der Vorlage auf den Nahtlinien ausrichten. Die Umrisse auf den Stoff übertragen und den Stoff exakt zuschneiden. Das Schild laut Vorlage 1G 2-mal plus 3 cm Nahtzugabe aus grauem Stoff zuschneiden. Das Wappen mit Sprühkleber mittig auf einer Schild-Vorderseite befestigen. Stickvlies auf die Rückseite auflegen und das Wappen entlang der Umrisse mit einem engen Zickzackstich applizieren. Die Form des Schildes 6-mal aus Volumenvlies zuschneiden und je 3 mit dem vorderen und 3 mit dem hinteren Schildteilen an den Rändern mit Zickzackstichen zusammenfassen, dabei liegt der Stoff mit der rechten Seite nach oben auf den Vliesen.

Für den **Griff** ein Rechteck von 15 x 14 cm in Grau rechts auf rechts zur Hälfte falten (auf 15 x 7 cm), an den langen offenen Kanten zusammennähen und wenden. Das Gummiband durchziehen und an den Schmalseiten festnähen. Den Griff ca. 10 cm vom rechten oberen Rand und 5 cm vom rechten Seitenrand (von hinten gesehen) auf der Rückseite des Schilds senkrecht festnähen (siehe Foto).

Für das **Bindeband** 2 Streifen von 40 x 5,5 cm in Grau 4-fach falten (die Schnittkanten liegen innen) und bügeln. An einer Schmalseite ca. 1 cm nach innen klappen. Den Streifen entlang beider Längskanten absteppen und gegenüber des Griffs an der linken Seite (von hinten gesehen) festnähen, dabei sind 5 cm des Bandes mittig festgenäht, und zwar 10 cm vom linken oberen Rand und 5 cm vom linken Seitenrand entfernt. Beide Schildteile rechts auf rechts legen und rundherum bis auf eine Wendeöffnung zusammennähen. Wenden, vorsichtig bügeln und die Wendeöffnung von Hand schließen.

Ritter-Utensilo

Größe: 70 x 55 cm • Vorlagen 1A–E (Bogen B)

Material

Maße inkl. 0,75 cm Nahtzugabe. Die Vorlagen
enthalten kein Nahtzugabe, beim Zuschnitt von
Vorlage 1C und 1E 0,75 cm Nahtzugabe hinzugeben,
Vorlagen 1A, 1B und 1D ohne Nahtzugaben
zuschneiden.

Baumwollstoffe:

- 75 x 55 cm in Hellblau gestreift (Hintergrundstoff)
- 80 x 110 cm in Grau (Rückseite, Aufhängetunnel,
  Tür und Fensterrahmen)
- 30 x 50 cm Dachstoff
- 50 x 110 cm Motiv rote Steine
- 40 x 110 cm Motiv graue Steine
- Reste in Orange, Hellgrün, Mittelgrün

Sonstiges:

- Rest Filz in Weiß
- 20 x 65 cm durchsichtiges Wachstuch
- 60 x 45 cm beidseitig aufbügelbares Appliziervlies
- 55 x 90 cm Stickvlies
- 60 x 80 cm Volumenvlies
- Rest leichtes, aufbügelbares Volumenvlies
- 2 kleine Glasperlen in Schwarz
- 75 cm Holzstange, ca. ø 3 cm
- ggf. Sprühkleber

So wird's gemacht

Für die **Türme** aus dem Stoff mit dem Graue-Steine-Motiv 2 Rechtecke von 15 x 35 cm und 1 Rechteck von 23 x 28 cm zuschneiden. Die Türme laut Schemazeichnung auf dem Hintergrundstoff feststecken (ggf. mit Sprühkleber fixieren) und applizieren.

Die **Dächer** laut Vorlagen 1D auf Appliziervlies übertragen, grob ausschneiden, auf die Rückseite der Dachstoffe bügeln, exakt ausschneiden und applizieren.

Für den **Zinnenturm** (= kleine Tasche) 2 Quadrate von 20 x 20 cm rechts auf rechts stecken, die Umrisse von 3 Zinnen laut Vorlage 1E aufzeichnen, nachnähen und mit 0,75 cm Nahtzugabe ausschneiden. Die Nahtzugaben in den Ecken bis kurz vor die Naht einschneiden, die Außenecken schräg beschneiden, wenden und bügeln. Das Wappen laut Vorlage 1A ohne Nahtzugabe mithilfe von Appliziervlies (siehe Dächer) auf die kleine Zinnentasche applizieren, anschließend als Tasche an den Seitenkanten und der Unterkante über dem mittleren Dach feststeppen.

Für die **Burgmauer** (= große vordere Tasche) aus dem Stoff mit dem Rote-Steine-Motiv 2 Rechtecke von 25 x 75 cm rechts auf rechts stecken, die Konturen von 12 Zinnen laut Vorlage 1E aufzeichnen, nachnähen und mit 0,75 cm Nahtzugabe zuschneiden. Die Nahtzugaben in den Ecken bis kurz vor die Naht einschneiden, die Außenecken schräg beschneiden, wenden und bügeln.

Für die **Fenster** aus dem Wachstuch 2 Rechtecke von 9 x 10 cm und 2 Quadrate von 15 x 15 cm, aus dem grauen Stoff 4 Streifen von 3 x 80 zuschneiden. Die Streifen links auf links zur Hälfte bügeln,

mit den offenen Kanten an eine Kante auf die Rückseite der Folie nähen, den Streifen passend kürzen, jeweils nach vorn klappen und von rechts feststeppen, dabei die Ecken etwas einschlagen. Diesen Schritt wiederholen, bis alle Folienzuschnitte an allen Kanten eingefasst sind. Die beiden kleinen Fenster auf die Türme der Burg nähen. Die großen Fenster als Taschen auf die Vorderseite der Burgmauer an 3 Kanten festnähen.

Die **Tür** laut Vorlage 1C (beide Türflügel) auf Appliziervlies übertragen, grob ausschneiden, auf den grauen Stoff bügeln, exakt ausschneiden und auf die Burgmauer applizieren. Das Gespenst laut Vorlage 1B ohne Nahtzugabe zuschneiden, mithilfe von Appliziervlies (siehe Dächer) applizieren und ein Gesicht aufnähen. Die beiden Türflügel 2-mal laut Vorlage 1C mit Nahtzugabe im Stoffbruch zuschneiden, auf je eine Hälfte leichtes Volumenvlies auf die Stoffrückseite aufbügeln, Stoff an der Bruchlinie rechts auf rechts zur Hälfte falten, bis auf eine Wendeöffnung mit 0,75 cm Nahtzugabe zusammennähen, wenden, bügeln und die Wendeöffnung von Hand schließen. Die beiden Türflügel mittig im Türrahmen ausrichten (die Bruchkanten stoßen in der Mitte aneinander) und links bzw. rechts festnähen, sodass sie sich öffnen lassen. Die Glasperlen als Türgriff festnähen. Die Burgmauer aufstecken und rechts und links und unten knappkantig festnähen, durch 2 vertikale Quernähte in 3 Taschen unterteilen.

Für den **Aufhängetunnel** 1 Streifen von 15 x 70 cm mittig längs rechts auf rechts falten, ringsum bis auf eine Wendeöffnung zusammennähen, wenden, bügeln und die Wendeöffnung von Hand schließen.

Fertigstellen

Ein Stück Volumenvlies und Rückseitenstoff in Größe der Vorderseite zuschneiden. Vorder- und Rückseite rechts zusammenlegen und auf das Volumenvlies legen. Ringsum bis auf eine Wendeöffnung zusammennähen, wenden, vorsichtig bügeln und die Wendeöffnung von Hand schließen. Den Tunnel an der Rückseite festnähen. Eine Holzstange durch den Tunnel schieben.

Ritter-Utensilo
Schemazeichnung

Pappschwert fürs Ritterspiel

Jetzt bist DU dran!

So wird's gemacht

Zeichne das Pappschwert in Originalgröße auf ein großes Stück Papier. Benutz dafür die Schemazeichnung 1F. Schneide das Pappschwert 2-mal aus Pappe aus und kleb beide aufeinander fest. Umwickle den Schaft mit Alufolie. Dann aus orangenem und grünem Stoff 5 cm breite Streifen schneiden und um den Handgriff wickeln. Anfang und Ende klebst du jeweils fest. Den Schwertschutz beklebst du mit grauem Filz.

Länge: ca. 53 cm ◎ Schemazeichnung 1F (Bogen B)

Was man draußen so braucht

Endlich Freizeit! Und dann draußen spielen, das ist das Größte!
Alles was dafür gebraucht wird, kommt in die Taschen, und die
Reisebarschaft in die passenden Portemonnaies. Auch das
Spiel mit den selbst gestalteten Spielsteinen wird eingepackt.

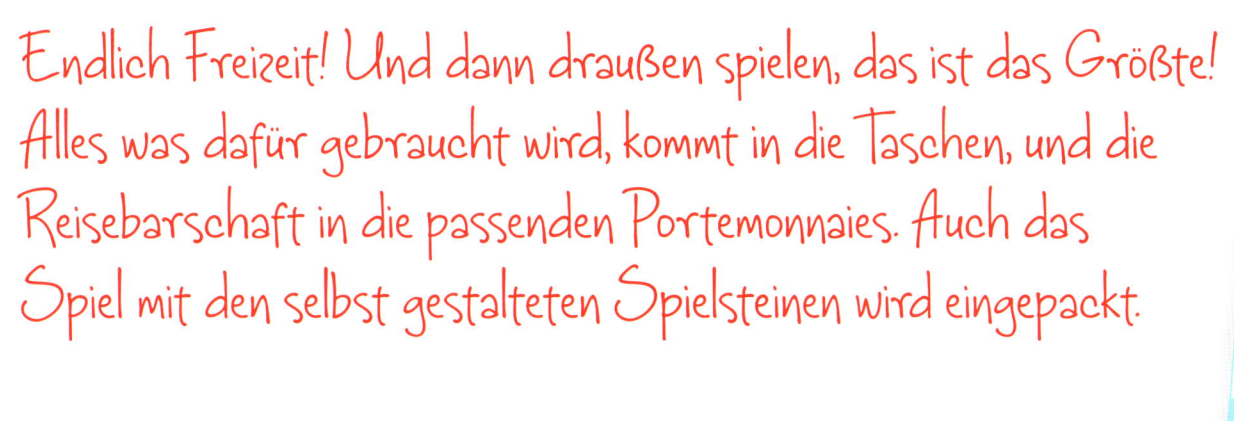

Umhängetasche für Jungen und Mädchen

Größe: ca. 40 x 30 cm • Vorlagen 2A–B (Bogen A)

Material

Maße inkl. 0,75 cm Nahtzugabe. Die Vorlagen enthalten kein Nahtzugabe, beim Zuschnitt von Vorlage 2A 0,75 cm Nahtzugabe hinzugeben, Vorlage 2B ohne Nahtzugabe zuschneiden. Die Angaben in eckigen Klammern gelten für die Jungenvariante.

Für 1 Tasche

Baumwollstoffe:
• 100 x 140 cm in Grün [Braun] (Außenseite)
• 100 x 140 cm mit Erdbeermotiv [Automotiv] (Futter)
• Rest in Rot (Erdbeer-Applikation)

Bastelfilz:
• 30 x 40 cm in Rot [Reifenspur-Applikationen]

Plüsch:
• Rest in Grün (Erdbeerblatt)

Fortsetzung auf Seite 46

So wird's gemacht

Für das **vordere und hintere Taschenteil** je 2 Rechtecke von 40 cm (breit) x 32 cm (hoch) aus Außenstoff, Futter und aufbügelbarem Vlies zuschneiden. Für die **Klappe** je 1 Rechteck von 40 x 35 cm und für den **Taschenmittelstreifen** je 1 Streifen von 14 x 100 cm jeweils aus Außenstoff, Futter und aufbügelbarem Vlies zuschneiden. Das Vlies auf die Rückseiten der Außentaschenteile bügeln. Die unteren Ecken der Taschenteile und der Klappe 5 cm breit abrunden.

Für die **große Reißverschlusstasche** 1 Streifen von 6 x 40 cm und 1 Streifen von 27 x 40 cm aus dem Außenstoff zuschneiden. Den 40 cm langen Reißverschluss zwischen die beiden Streifen nähen. Für die **kleine Reißverschlusstasche** 1 Streifen von 6 x 15 cm und 1 Streifen von 14 x 15 cm aus dem Außenstoff zuschneiden. Den 15 cm langen Reißverschluss zwischen die beiden Streifen nähen.

Für die **Einstecktaschen** 1 Rechteck von 10 x 21 cm und 1 Rechteck von 10 x 17 cm zuschneiden. Beim kleineren Rechteck eine 10 cm langen Kante (= Oberkante) um 5 cm nach innen umklappen und absteppen. Das kleine Rechteck links auf rechts auf das große Rechteck legen, dabei die 10 cm langen Unterkanten bündig übereinander ausrichten. Die kleine Reißverschlusstasche und die Einstecktaschen dicht nebeneinanderlegen und mit einem engem Zickzackstich zusammennähen (= kleine Tascheneinheit). Aus dem Futterstoff ein Rechteck von 20 x 25 cm zuschneiden, rechts auf rechts auf die Tascheneinheit legen und ringsum zusammennähen. Durch den Reißverschluss wenden, ggf. noch ein Zierband aufnähen, um die vertikale Zickzacknaht zu überdecken (siehe Foto). Für die **Vorderseite** die kleine Tascheneinheit auf die große Reißverschlusstasche 3 cm unterhalb vom Reißverschluss mittig aufsteppen. Bei der Jungenvariante kann noch ein Band mit einem aufgefädeltem Taschenklips seitlich mitgefasst werden. Unterhalb der kleinen Reißverschlusstasche die Flauschseite des Klettbands aufsteppen. Das Teil links auf rechts auf das vordere Taschenteil stecken.

Fortsetzung auf Seite 46

Sonstiges:

- 100 cm leichtes, aufbügelbares Volumenvlies, 90 cm breit
- 30 cm beidseitig aufbügelbares Appliziervlies
- 2 Reißverschlüsse, 40 cm und 15 cm lang
- 12 cm Klettband (jeweils Haken- und Flauschseite)
- 8 cm Gummiband
- je 1 Kamsnap in Grün und Rot, ø 1,2 cm
- 150 cm Gurtband in Hellgrün [Braun], 3 cm breit
- 180 cm Schmuckband, 12 mm breit
- 100 cm Vichy-Karo-Schrägband in Rot
- 1 Gurtversteller
- 3 Taschenringe mit Zwischensteg
- 1 Taschenklips, 2 cm breit (nur Jungenvariante)
- ca. 20 cm Zierband (nur Mädchenvariante)

Den Mittelstreifen zwischen beide Außentaschenteile nähen, dabei wird die große Reißverschlusstasche mit festgenäht. Die Innentasche aus dem Futter, bestehend aus 2 Taschenteilen und 1 Mittelstreifen, genauso nähen, jedoch an einer Seitennaht eine ca. 15 cm lange Wendeöffnung offen lassen. Auf das Futter der Klappe 3 cm von der Unterkante entfernt die Hakenseite des Klettbands mittig aufsteppen.

Für die Mädchenvariante 2 Rechtecke von 20 x 25 cm rechts auf rechts fixieren, die Erdbeere laut Vorlage 2A aufzeichnen, zzgl. 0.75 cm Nahtzugabe zuschneiden und bis auf eine Wendeöffnung zusammennähen. An der Oberkante 8 cm Gummiband (mit den Enden) an den Nahtzugaben festnähen, alles wenden, unterhalb vom Gummi eine 2. Naht absteppen. Die Erdbeere rundum bis auf die Oberkante als Tasche auf die Klappe steppen. Für die Klappe das Erdbeerblatt laut Vorlage 2A 2-mal aus Plüsch zzgl. 0,75 cm Nahtzugabe zuschneiden, bis auf eine Wendeöffnung zusammennähen, wenden und an der geraden Kante oberhalb der Erdbeertasche aufsteppen. Die Kampsnaps als Verschluss an der Klappe und der Tasche anbringen.

Für die Jungenvariante der Tasche die Reifenspuren laut Vorlage 2B auf Appliziervlies übertragen, grob ausschneiden, auf den roten Filz bügeln (Achtung: ein Tuch beim Bügeln verwenden), exakt ausschneiden, die Trägerfolie abziehen, auf die Außenseite der Klappe bügeln und die Stoffkanten ringsum feststeppen.

Beide Taschen: Für die Klappe der Tasche die Außenseite und das Futter rechts auf rechts stecken, bis auf die Oberkante zusammennähen, wenden und bügeln. Die Naht absteppen oder mit Schrägband einfassen.

Für die Laschen, an denen die Träger befestigt werden, 2 Rechtecke von 15 x 10 cm aus dem Außenstoff zuschneiden. Die Streifen jeweils 4-fach falten (die Schnittkanten liegen innen), sodass sie 3 x 10 cm groß sind, bügeln und entlang beider Längskanten absteppen. Die Streifen zur Hälfte zusammenklappen, die Taschenringe auffädeln und mit den offenen Enden an beiden Seiten jeweils mittig an die Oberkanten des Taschen-Mittelstreifens stecken.

Fertigstellen

Innentasche und Futter rechts auf rechts ineinanderstecken. An den Seiten sind die Laschen zwischengefasst, an der Rückseite der Außentasche wird die Klappe zwischengefasst. Die Oberkanten zusammennähen. Die Tasche durch die Wendeöffnung im Futter wenden, bügeln und die Oberkante absteppen. Die Wendeöffnung von Hand schließen. Die Enden des Gurtbands an den Taschenringen befestigen. Bei der Mädchenvariante das Gurtband zusätzlich mit einem mittig aufgesteppten Schmuckband verzieren. Ein Ende des Gurtbandes von unten um den Mittelsteg des verstellbaren Taschenringes stecken und festnähen. Das andere Ende erst durch den seitlichen Taschenring, anschließend von oben über den verstellbaren Taschenring und zum Schluss um den anderen seitlichen Taschenring fädeln, umschlagen und festnähen.

Schlüsselbänder

So wird's gemacht

Für jedes Band fädelst du die Schnüre jeweils durch den Ring des Karabinerhakens und legst sie zur Hälfte zusammen, sodass die Enden alle zusammenliegen. Verknote nun die Fäden direkt am Ring. Anschlie-ßend die Schnüre mit einem Scoubidou-Knoten flechten. Zum Schluss verknotest du die Schnurenden miteinander und schneidest sie gleichmäßig ab.

Jetzt bist DU dran!

Portemonnaie für Jungen und Mädchen

Größe: ca. 15 x 12 cm (zusammengeklappt)

Material

Maße inkl. 0,75 cm Nahtzugabe. Die Angaben in eckigen Klammern gelten für die Jungenvariante.

Für 1 Portemonnaie

Baumwollstoffe:
• 25 x 150 cm in Grün [Braun] (Außenseite)
• 25 x 110 cm mit Erdbeermotiv [Automotiv] (Futter)

Sonstiges:
• 15 cm Zierborte, ca. 12 mm breit
• Reißverschluss, 12 cm lang
• 2 cm Klettband (jeweils Haken- und Flauschseite)

So wird's gemacht

Für das **Hauptteil** aus dem Außenstoff 2 Rechtecke von 17 cm (hoch) x 22 cm (breit), für das Innentaschenfutter aus dem Stoff für das Futter 2 Rechtecke von 15 cm (hoch) und 22 cm (breit) zuschneiden.

Für das **Reißverschlussfach** 1 Rechteck von 14 x 15 cm und 8 x 15 cm zuschneiden, links auf links auf 7 x 15 cm bzw. 3,5 x 15 cm zusammenklappen. Zwischen die beiden Bruchkanten den Reißverschluss nähen. Das Teil links auf rechts auf ein Innentaschenfutter legen, dabei an der rechten Seitenkante bündig ausrichten. Das zweite Innentaschenfutter rechts auf rechts darauflegen, die Oberkanten zusammennähen, den Reißverschluss ggf. abschneiden, wenden und die Oberkante absteppen.

Für die **Einstecktaschen** 1 Rechteck von 24 x 12 cm und 14 x 12 cm zuschneiden, links auf links auf 12 x 12 cm bzw. 7 x 12 cm zusammenklappen. Die Bruchkanten mit einem Zierstich absteppen. Das kleinere Rechteck auf das größere legen, links bündig neben das Reißverschlussfach auf das Innentaschenfutter legen, dabei alle Unterkanten bündig aufeinander ausrichten.

Die Reißverschlusstasche und die Einstecktaschen mit engem Zickzackstich zusammennähen, die Naht ggf. mit Zierband überdecken (aufsteppen) (= Mädchenvariante). Das Teil mit der rechten Seite nach oben auf einem Hauptteil (= Innenseite) feststecken.

Für den **Verschluss** 2 Rechtecke von 8 x 6,5 cm rechts auf rechts legen und bis auf eine 8 cm lange Kante zusammennähen, wenden und das Hakenband aufsteppen. Das Flauschband 3 cm vom Seitenrand entfernt mittig auf das zweite Hauptteil (= Außenseite) steppen.

Fertigstellen

Die beiden Hauptteile rechts auf rechts aufeinanderlegen, dabei das Verschlussteil an der Seitenkante mit der Reißverschlusstasche zwischenfassen und darauf achten, dass sich das Flauschband an der gegenüberliegenden Seitenkante befindet. Alles ringsum bis auf eine Wendeöffnung zusammennähen, die Ecken schräg beschneiden, wenden und bügeln. Die Wendeöffnung von Hand schließen.

Spielteppich

Größe: 30 x 40 cm

Material

Maße inkl. 0,75 cm Nahtzugabe.

Baumwollstoffe:
- 6 x 140 cm in Hellblau
- 15 x 140 cm in Helltürkis
- 15 x 140 cm in Petrol
- 30 x 140 cm in Dunkelblau

Sonstiges:
- 30 x 30 cm leichtes, aufbügelbares Volumenvlies
- 1 farblich passender Reißverschluss, 30 cm lang

So wird's gemacht

Für die **Vorderseite (Spielfeld)** insgesamt 25 Quadrate von 5,5 x 5,5 cm wie folgt zuschneiden: 8 Quadrate in Hellblau, 4 Quadrate in Helltürkis, 5 Quadrate in Petrol und 8 Quadrate in Dunkelblau. Die Quadrate laut Schemazeichnung zu 5 Quadraten in jeweils 5 Reihen anordnen. Zunächst die Quadrate zu Reihen, anschließend die Reihen zu einer Fläche von 21,5 x 21,5 cm zusammennähen (siehe Schemazeichnung links).

Aus dem petrolfarbenen Stoff 2 Streifen von 6,5 x 21,5 cm und 2 Streifen von 6,5, x 31,5 cm zuschneiden. Zunächst die kurzen Streifen an zwei gegenüberliegenden Seiten des Spielfelds nähen, anschließend die langen Streifen an die beiden anderen gegenüberliegenden Seiten nähen. Streifen nach dem Annähen jeweils auffalten und gut bügeln. Das Spielfeld auf 30 x 30 cm zurückschneiden und das Vlies auf die Rückseite aufbügeln.

Den **Reißverschluss** an einen langen Randstreifen des Spielfeldes nähen, die Nahtzugaben vom Reißverschluss wegklappen und von rechts absteppen. 1 Rechteck von 12 x 30 cm aus Türkis zuschneiden und an die andere Seite des Reißverschlusses nähen und die Nahtzugaben wie zuvor ebenfalls absteppen.

Für die **Bindebänder** 2 Streifen von 4 x 50 cm aus Hellblau zuschneiden, die Streifen 4-fach falten (die Schnittkanten liegen innen), bügeln und entlang beider Längskanten absteppen.

Für die **Rückseite** 1 Rechteck von 30 x 40 cm aus Dunkelblau zuschneiden. Vorder- und Rückseite rechts auf rechts bündig übereinanderlegen, die Bindebänder an die gegenüberliegende Kante vom Reißverschluss mittig zwischenfassen (die Enden liegen an der Kante, die Bänder liegen innen). Alles ringsum zusammennähen, die Nahtzugaben zusammen versäubern und die Tasche durch den Reißverschluss wenden und bügeln. Ca. 1 cm neben dem Reißverschluss durch alle Lagen steppen, um die Tasche, in der die Spielsteine aufbewahrt werden sollen, vom Spielfeld zu trennen.

Spielsteine

Du brauchst:

- je 1 Päckchen Fimo in Orange und Grün
- ein scharfes Messer

So wird's gemacht

Für 12 orangene und 12 grüne Spielsteine knete jede Farbe Fimo getrennt, bis die Masse schön geschmeidig ist. Rolle und forme jede Farbe Fimo einzeln zu je einer 3 cm dicken Rolle. Schneide die Rollen mit einem scharfen Messer in je 12 dicke Scheiben. Sei dabei mit dem Messer sehr vorsichtig. Streich mit dem Finger etwas über die Ränder, damit sie sich glatt und rund anfühlen.

Um die Spielsteine auszuhärten, „backst" du sie im Backofen. Heiz dafür den Ofen laut Herstelleranweisung auf 110 Grad vor und back die Spielsteine 30 Minuten. Nimm die heißen Spielsteine mit einem Pfannenheber aus dem Backofen und lass sie auf einem großen Küchenbrett auskühlen.

Jetzt bist DU dran!

Beauty Queen

Wer ist die Schönste im ganzen Land? Heiße Anwärterin ist die Trägerin dieser tollen Modelle. Mit farbenfrohen Baumwollstoffen und Jeansresten ist schnell eine Tasche, ein Utensilo oder ein Armband hergestellt, und ein kleiner Knopf wird zum Blickfang am perfekten Mädchen-Outfit.

Kleine Jeanstasche

Größe: ca. 20 x 22 cm

Material

Maße inkl. 0,75 cm Nahtzugabe.

Baumwollstoffe:
- 2 Stücke von 23 x 22 cm in Pink gestreift (Futter)
- 6,5 x 68 cm (Futter Taschenseiten und -boden)
- 6 x 110 cm in Pink gestreift (Träger)
- 8 x 8 cm in Pink gemustert (Knopf)

Jeans:
- 2 Gesäßtaschen mit ringsum Stoff zuschneiden:
  23 cm (hoch) x 22 cm (breit)
- 1 Streifen von 6,5 x 68 cm (ggf. zusammensetzen)
  (Taschenseiten und -boden)
- 4 Gürtelschlaufen
- 1 Knopfloch mit ringsum Stoff zuschneiden:
  ca. 4 cm (breit) x 10 cm (lang)

Sonstiges:
- 8 x 8 cm leichte Bügeleinlage
- 1 Knopf zum Beziehen, ø 3 cm

So wird's gemacht

Für die **Außentasche** den Jeansstreifen zwischen die langen und einer schmalen Seite der Jeansrechtecke (Gesäßtaschen) nähen. An jeder Seite jeweils 2 Gürtelschlaufen aufsteppen. Die Außentasche auf rechts wenden.

Für das **Futter** aus den pink gestreiften Stoffen eine Tasche in gleicher Größe nähen, jedoch in einer Seitennaht eine ca. 15 cm lange Wendeöffnung offen lassen.

Für den **Träger** den Streifen 4-fach falten (die Schnittkanten liegen innen), bügeln und entlang beider Längskanten absteppen.

Für die **Verschlusslasche** das Knopfloch mit farbigem Nähgarn absteppen und oben mittig an den Rand der Außentasche stecken (das Stück liegt mit einer kurzen Kante bündig an der Oberkante). Außentasche und Futter rechts auf rechts ineinanderstecken (der Verschluss mit dem Knopfloch liegt zwischen beiden Taschen). Die Oberkanten zusammennähen, wenden und noch einmal von rechts absteppen. Die Wendeöffnung von Hand schließen.

Für den **Knopf** die Bügeleinlage auf die Rückseite des Stoffes bügeln. Einen Kreis zuschneiden, der ca. 1,5 cm größer ist als der Knopf (also 3 cm mehr Durchmesser hat), und den Knopf laut Herstellerangaben beziehen.

Fertigstellen

Die Verschlusslasche um die Oberkante legen, um die genaue Position des Knopfes zu ermitteln, und den Knopf auf die Tasche nähen. Die beiden Enden Träger um die oberen Gürtelschlaufen legen und feststeppen.

Jeans-Utensilo

Größe: 50 cm (hoch) x 53 cm (breit)

Material

Maße inkl. 0,75 cm Nahtzugabe.

Baumwollstoffe:

• je 10 x 110 cm in Pink gestreift, Pink uni,
  Grün gestreift und Grün kariert (Umrandung)

• 2 Streifen von 5 x 22 cm in Pink gestreift (Aufhänger)

• 55 x 55 cm in beliebiger Farbe (Rückseite)

1 Jeans, Größe XS:

• 2 Gesäßtaschen von 18 x 15 cm (Mittelteil)

• 1 vordere Tasche von 11,5 x 16,5 cm (Mittelteil)

• 1 vordere Tasche von 16 x 17 cm (Mittelteil)

• 3 Gürtelschlaufen (mit Stoff) von 5 x 7 cm (Mittelteil)

• 1 Knopfloch von ca. 4 x 6 cm (Deko)

• 1 Knopf (mit Stoff) von 4 x 6 cm (Deko)

• mehrere, 6 cm breite Streifen (Umrandung)

• aus den Säumen: 2 Streifen von 5 x 22 cm
  (Aufhänger)

Sonstiges:

• 55 x 55 cm dünnes Volumenvlies

So wird's gemacht

Für die **Vorderseite** alle Jeanszuschnitte gut bügeln, den Baumwollstoff für die Umrandung in je 4,5 cm breite Streifen schneiden und rings um alle Jeanszuschnitte für das Mittelteil nähen. Die Maße der einzelnen Stoffstücke anpassen und zusammennähen (siehe Foto). Das Teil ist nun 41 cm hoch und 44 cm breit. Die 6 cm breiten Streifen aus Jeans für die Umrandung ringsum annähen.

Für die **Aufhänger** die 2 Streifen aus den Säumen mit jeweils einem gleich großem Streifen pink gestreiftem Stoff verstürzen, wenden, die Naht etwas verschieben, sodass seitlich der Baumwollstoff zu sehen ist. Die Aufhänger zur Hälfte falten und an die Oberkante stecken.

Die Vorderseite exakt ausmessen und ein gleich großes Stück Rückseitenstoff und Vlies zuschneiden. Die Stoffe bündig rechts auf rechts und anschließend bündig auf das Vlies legen (die Aufhänger liegen zwischen Vorder- und Rückseite). Ringsum bis auf eine Wendeöffnung zusammennähen, wenden, bügeln und die Wendeöffnung von Hand schließen.

Fertigstellen

Das Utensilo ringsum von der Vorderseite absteppen. Das Knopfloch und den Knopf an einer Seite als Deko aufsteppen.

Armband

Größe: 2,5 x 40 cm

Material

Maße inkl. 0,75 cm Nahtzugabe.

Baumwollstoffe:
• 1 Streifen von 4 x 32 cm in Grün gestreift
Jeans:
• 2 Streifen von 4 x 16 cm
Sonstiges:
• 32 cm Pomponband in Weiß
• 50 cm Satinband in Rosa, 6 mm breit
• je 1 Kamsnap in Rosa und Gelb, ø 1,2 cm

So wird's gemacht

Die beiden 16 cm langen Jeansstreifen rechts auf rechts auf 4 x 8 cm falten, an den langen Kanten zusammennähen, wenden und an den schmalen Seiten je 1 cm Saum nach innen klappen. Den 32 cm langen Baumwollstreifen 4-fach auf 1 cm Breite falten (die Schnittkanten liegen innen) und bügeln. Das Pomponband an der Längskante zwischenfassen, so dass nur die Pompons herausschauen, und die Längskante zusammensteppen. Den Baumwollstreifen mit dem Satinband umwickeln. Anfang und Ende festnähen, in die schmalen Enden des Jeansbandes stecken und gut festnähen.

Fertigstellen

Die Kamsnaps als Verschluss auf dem Jeansband befestigen.

Ansteckbutton

Du brauchst:

Für 1 Ansteckbutton
Baumwollstoff:
- 8 x 8 cm in Pink gemustert

Sonstiges:
- 8 x 8 cm leichte Bügeleinlage
- 1 Knopf zum Beziehen, ø 3 cm
- 1 Sicherheitsnadel

Größe: Ø 3 cm

So wird's gemacht

Bügel die Bügeleinlage auf die Rückseite des Stoffstückchens. Schneide einen Kreis zu, der ca. 1,5 cm größer ist als der Knopf (also 3 cm mehr Durchmesser hat), und bezieh damit den Knopf. Folge dabei der Gebrauchsanweisung des Herstellers. Zum Schluss befestigst du noch eine Sicherheitsnadel auf der Rückseite am Stoff.

Jetzt bist DU dran!

Wave your FLAG!

Flaggen sind echt stark! Kräftige Farben und klare Formen sind genau das Richtige, worauf die wilden Kerle zwischen 10 und 12 stehen. Die passende Zimmer-Deko aus Bettüberwurf, Wimpeln und Kissen ist aus Fleece schnell genäht, und noch dazu gibt es coole Magnet-Sticker für die Pinnwand.

Kissen

Größe: jew. 40 x 80 cm • Vorlagen 3A und 3C (Bogen A)

Material

Maße inkl. 0,75 cm Nahtzugabe. Die Vorlagen enthalten keine Nahtzugabe, beim Zuschnitt keine weitere Nahtzugabe hinzugeben.

Für Kissen 1
Polarfleece, 140 cm breit:
• 70 cm in Dunkelblau
• 25 cm in Rot
• 20 x 60 cm in Weiß
Sonstiges:
• 35 x 45 cm beidseitig aufbügelbares Appliziervlies
• 1 Reißverschluss in Dunkelblau, 40 cm lang
• 1 Kissenfüllung, 40 x 80 cm

Für Kissen 2
Polarfleece, 140 cm breit:
• 70 cm in Dunkelblau
• 20 cm in Rot
• 30 cm in Weiß
Sonstiges:
• 20 x 45 cm beidseitig aufbügelbares Appliziervlies
• 1 Reißverschluss in Dunkelblau, 40 cm lang
• 1 Kissenfüllung, 40 x 80 cm

So wird's gemacht

Für **Kissen 1** aus dunkelblauem Fleece 1 Rechteck von 42 x 82 cm (Rückseite) und 2 Streifen von 11,75 x 82 cm, aus rotem Fleece 1 Streifen von 21,5 x 82 cm zuschneiden. Die Streifen an den Längskanten in der Reihenfolge dunkelblau/rot/dunkelbau aneinandernähen.
Für **Kissen 2** aus dunkelblauem Fleece 1 Rechteck von 42 x 82 cm (Rückseite) und 2 Streifen von 18,5 x 42 cm, aus weißem Fleece 2 Streifen von 17,5 x 42 cm und aus rotem Fleece 1 Streifen von 17, 5 x 42 cm zuschneiden. Die Streifen an den Längskanten in der Reihenfolge dunkelblau/weiß/rot/weiß/dunkelbau aneinandernähen.

Bei **beiden Kissen** die Sterne (3 große Sterne für Kissen 1, 9 kleine Sterne für Kissen 2) laut Vorlagen 3A bzw. 3C auf Appliziervlies übertragen, grob ausschneiden und auf die Rückseiten des weißen bzw. dunkelblauen Fleece bügeln, exakt ausschneiden, das Trägerpapier abziehen und die Sterne mittig mit gleichmäßigem Abstand auf die entsprechenden Streifen (siehe Foto) bügeln, dafür unbedingt ein Bügeltuch auflegen, da das Polarfleece sonst am Bügeleisen kleben bleibt. Die Sterne mit farblich passendem Garn rings um alle Kanten mit dem Geradstich applizieren. Den Reißverschluss an die schmale Seite des Kissens nähen und etwas öffnen.

Fertigstellen
Zum Schluss die Vorder- und Rückseiten jeweils rechts auf rechts legen, ringsum zusammennähen; die Kissen durch den Reißverschluss wenden und die Kissenfüllungen hineingeben.

Flaggenkette

Größe (Flagge): ca. 15 x 20 cm, Länge (Kette): ca. 270 cm • Vorlage 3C (Bogen A)

Material

Maße inkl. 0,75 cm Nahtzugabe. Die Vorlage enthält keine Nahtzugabe, beim Zuschnitt keine weitere Nahtzugabe hinzugeben.

Für 8 Flaggen

Maße inkl. 0,75 cm Nahtzugabe.

Baumwollstoffe, ca. 140 cm breit:

• 15 cm in Dunkelblau

• 15 cm in Royalblau

• 15 cm in Rot

• 10 cm in Weiß

Baumwollstoff, ca. 110 cm breit:

• 50 cm in Rot-Blau-Weiß gemustert
  (Rückseiten, Kette)

Polarfleece, 140 cm breit:

• 10 cm in Weiß (Sterne)

• 10 x 45 cm beidseitig aufbügelbares Appliziervlies

So wird's gemacht

Für **4 Flaggen mit waagerechten Streifen** (siehe Schemazeichnung) insgesamt 8 Streifen von 5,75 x 21,5 cm (4-mal in Rot, 2-mal in Royalblau und 2-mal in Dunkelblau), 8 Streifen von 3 x 21,5 cm in Weiß und 4 Streifen von 5 x 21,5 cm (2-mal in Rot, 1-mal in Royalblau und 1-mal in Dunkelblau) zuschneiden.

Für **4 Flaggen mit senkrechten Streifen** (siehe Schemazeichnung) insgesamt 8 Streifen von 6,5 x 16,5 cm (4-mal in Rot, 2-mal in Royalblau und 2-mal in Dunkelblau), 8 Streifen von 3 x 16,5 cm in Weiß) und 4 Streifen von 8,5 x 16,5 cm (2-mal in Rot, 1-mal in Royalblau und 1-mal in Dunkelblau) zuschneiden.

Die Streifen jeweils laut Schemazeichnungen (siehe auch Foto) an den Längskanten zusammennähen (= 8 Vorderseiten).

Flagge mit waagerechten Streifen

Flagge mit senkrechten Streifen

4 Sterne laut Vorlage 3C auf Appliziervlies übertragen, auf dem mittleren Streifen der Flaggen mit senkrechten Streifen bügeln und knapp entlang der Längskanten mit dem Geradstich festnähen.

Für die **Rückseiten** aus dem gemusterten Stoff 8 Rechtecke von 16,5 x 21,5 cm zuschneiden. Die Vorderseiten rechts auf rechts auf die Rückseiten legen, ringsum bis auf eine kurze Seite zusammennähen, wenden und bügeln.

Für die Kette aus dem gemusterten Stoff 3 Streifen von 4 x 110 cm zuschneiden, die Streifen an den kurzen Seiten zu einem langen Streifen zusammennähen. Den Streifen 4-fach falten (die Schnittkanten liegen innen) und bügeln. Die kurzen Seiten ca. 1 cm nach innen klappen. Die Flaggen an der offenen Kante des Streifens mit gleichmäßigem Abstand (ca. 10 cm) zwischenfassen, dabei jeweils am Anfang und Ende der Kette 50 cm frei lassen. Den Streifen entlang beider Längskanten absteppen, dadurch werden auch die Flaggen festgenäht.

Flaggen-Quilt

Größe: 140 x 190 cm • Vorlagen 3A–C (Bogen A)

Material

Die Maße der Schemazeichnung sind ohne Nahtzugabe. Beim Zuschnitt 0,75 cm Nahtzugabe hinzugeben. Die Vorlagen enthalten keine Nahtzugabe, beim Zuschnitt keine weitere Nahtzugabe hinzugeben.

Polarfleece, 150 cm breit:

- 70 cm in Dunkelblau
- 55 cm in Rot
- 60 cm in Weiß
- 50 cm in Hellblau
- 55 cm in Royalblau
- 200 cm in Dunkelblau (Rückseite)

Baumwollstoff, ca. 110 cm breit:

- 50 in Rot-Blau-Weiß gemustert (Randeinfassung)
- 45 x 130 cm beidseitig aufbügelbares Appliziervlies

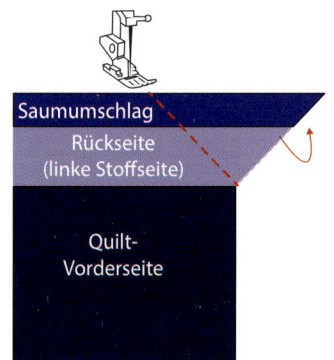

So wird's gemacht

Alle **Streifen** laut Schemazeichnung zzgl. 0,75 cm Nahtzugabe zuschneiden. 9 kleine, 7 mittelgroße und 4 große **Sterne** laut Vorlagen 3A, 3B und 3C auf Appliziervlies übertragen, grob ausschneiden und auf die Rückseite des hellblauen und weißen Fleece (siehe Schemazeichnung) bügeln. Anschließend exakt ausschneiden, das Trägerpapier abziehen und die Sterne auf die Streifen bügeln, dafür unbedingt ein Bügeltuch auflegen, da das Polarfleece sonst am Bügeleisen kleben bleibt. Die Sterne mit farblich passendem Garn rings um alle Kanten mit dem Geradstich aufsteppen.

Für die **Vorderseite** die Streifen zu Reihen und die Reihen zur Fläche zusammensetzen.

Für die **Rückseite** 1 Rechteck von 141,5 x 191,5 cm (bzw. in der Größe der Vorderseite) zuschneiden. Den Baumwollstoff für die Randeinfassung in 7 Streifen von 6 cm Breite (Maß inkl. Nahtzugabe) zuschneiden, an den kurzen Enden aneinandernähen. Anschließend 2 Streifen von 191,5 cm Länge für die Seitenkanten und 2 Streifen von 152 cm Länge für die Ober- und Unterkante zuschneiden. Die Streifen rechts auf rechts an den Rückseitenstoff nähen.

Für die **Einfassung mit Briefecke** den angenähten Streifen zunächst ringsum 1 cm nach links (also innen) falten und bügeln. Jede Ecke nacheinander rechts auf rechts (also zur Außenseite) falten, sodass die gefalteten Außenkanten bündig übereinanderliegen und die Ecke einen 45-Grad-Winkel bildet (siehe Schemazeichnung). Von der Bruchkante aus die rot eingezeichnete Linie bis zur Außenkante absteppen. Sie beginnt an der Ecke der Quilt-Vorderseite und bildet einen 90-Grad-Winkel zur diagonalen, inneren Bruchkante.

1 Quadrat = 10 x 10 cm

Fertigstellen

Die Vorderseite links auf links auf den Rückseitenstoff legen, die Nahtzugaben zur Randeinfassung klappen. Die Randeinfassung um die Vorderseite herum nach vorne klappen und entlang der inneren Bruchkante knappkantig feststeppen.

Flaggenmagnete

Du brauchst:

Für 6 Flaggenmagnete
- 6 Magnete, ø 3 cm
- 1 Sperrholzleiste, 4 x 0,5 x 50 cm (B x T x L)
- je 1 Blatt (ca.) DIN A4 gummiertes Bastelpapier in Weiß, Rot, Dunkelblau und Hellblau
- 50 x 15 cm Bucheinschlagfolie
- Musterlocher mit Stern, ca. ø 1 cm
- feines Schmirgelpapier
- Bastelkleber
- Heißklebepistole

Größe: je 4 x 8 cm

So wird's gemacht

Aus der Sperrholzleiste sägst du 6 Stücke von 8 cm Länge und glättest die Kanten mit Schmirgelpapier. Schneide aus dem Papier mehrere, 4 cm lange, verschieden breite Streifen (1–2 cm breit) in Rot, Hell- und Dunkelbau zu. Ordne sie auf der 4 x 8 cm großen Vorderseite der Holzstücke an. Sieh dir dafür auch Foto oder die genähten Flaggen auf Seite 70 an. Leg sie etwas überlappend aufeinander, damit die Kanten schön aussehen, und kleb sie mit Bastelkleber auf. Zum Schluss stanz Sterne in den gewünschten Farben aus dem Papier aus und kleb sie auf den Streifen auf. Die fertig beklebten Holzstücke auf der Vorderseite mit Bucheinschlagfolie bekleben. Zum Schluss die Magnete auf der Rückseite mit der Heißklebepistole ankleben.

Jetzt bist DU dran!

Grundtechniken Nähen

Nähte sichern/verriegeln

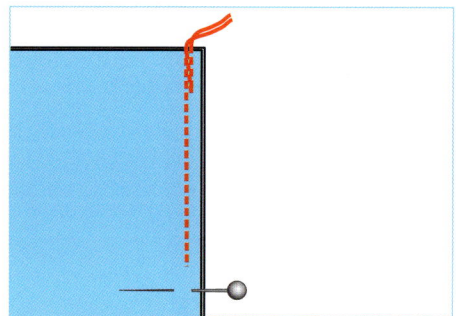

Eine Nähmaschinennaht muss an Anfang und Ende vernäht, also „verriegelt" werden. Sonst löst sie sich auf. Am Nahtbeginn drei bis vier Stiche vorwärts, dann rückwärts und anschließend wieder vorwärts nähen. Am Nahtende gegengleich verfahren.

Verstürzte Naht: Ecken

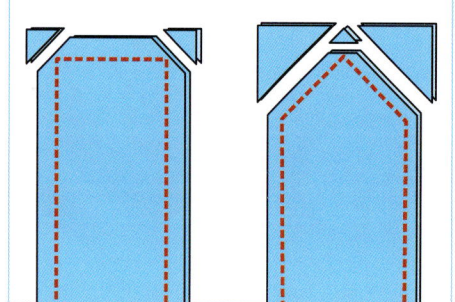

Rechteckige Teile mit kurzem Geradstich rechts auf rechts aufeinandernähen. An Ecken oder Spitzen die Nahtzugaben schräg bis knapp vor die Naht abschneiden, dabei darauf achten, dass mindestens zwei Fadenkreuze vor der Nahtecke stehen bleiben, damit der Stoff nicht aus der Naht „herausrutscht".

Verstürzte Naht: Rundungen

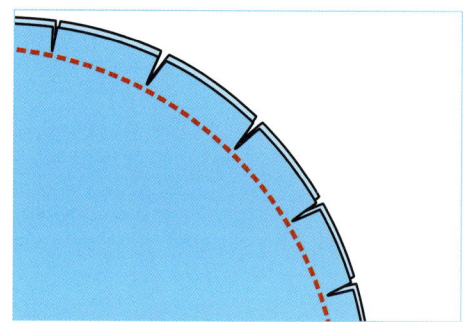

Bei Rundungen die Nahtzugaben vor dem Wenden in kleinen Abständen bis ca. 1 mm vor die Naht einschneiden. Nur so liegt die Kante nach dem Verstürzen schön flach, da sich die Mehrweite der Nahtzugaben etwas übereinanderschieben kann.

Überwendlichstich

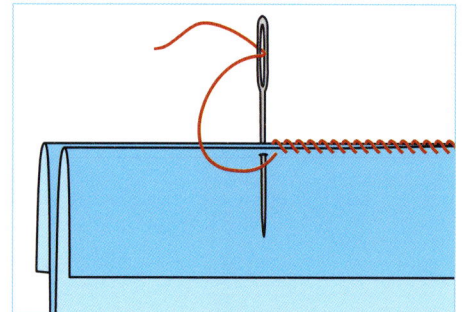

Dieser Handstich wird beim Verschließen einer Wendeöffnung eingesetzt. Die Nadel sticht knapp am Rand senkrecht durch die Kanten. Die sehr kleinen Stiche sind durch Schrägfäden miteinander verbunden. Nahtanfang und -ende stets gut sichern.

Streifen 4-fach falten

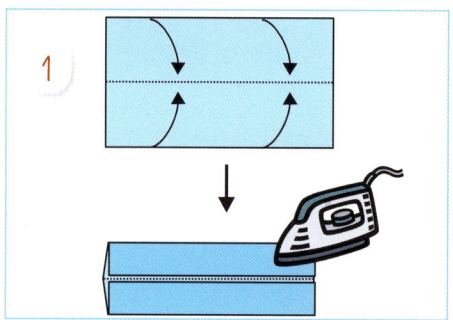

Den Streifen in Längsrichtung links auf links zur Hälfte falten und den Bruch leicht einbügeln. Streifen wieder aufklappen, die Längsseiten beidseitig von außen zur Mittelfalte legen und bügeln.

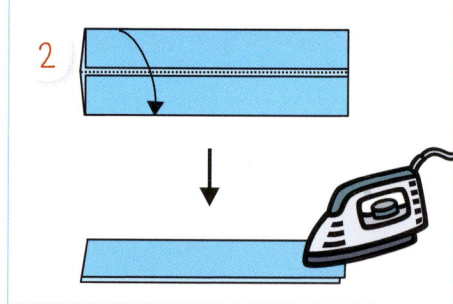

Den Streifen an den eben gebügelten Bruchkanten nochmals zur Hälfte legen und gut bügeln.

Bodenecke

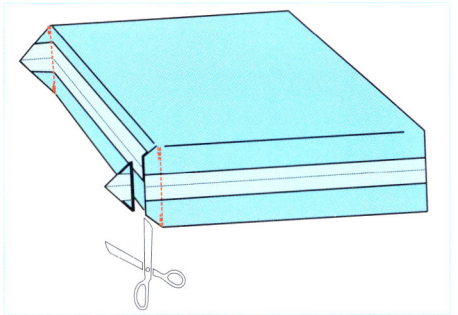

Für die Ecken in einem Taschenboden die Seitennähte oder die seitlichen Bruchkanten jeweils auf die untere Mitte (diese kann eine Naht oder ein Bruch sein) legen, und beidseitig je ein Dreieck in der angegebenen Breite quer abnähen. Die Dreiecke bis auf Nahtzugabenbreite vor die Naht zurückschneiden.

Applikationen

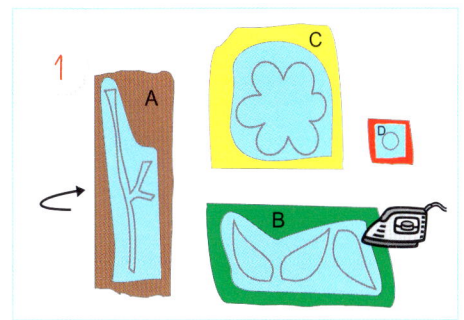

Die Motive auf das Trägerpapier des Appliziervlieses übertragen, grob ausschneiden und auf die linke Seite des Applikationsstoffes bügeln. Nun das Motiv exakt auf den eingezeichneten Linien ausschneiden.

Das Trägerpapier abziehen und das Motiv auf der rechten Seite des Hintergrundstoffes platzieren und aufbügeln. Die Schnittränder knappkantig mit einem Geradstich absteppen oder mit einem Zickzackstich überdecken.

Reißverschluss

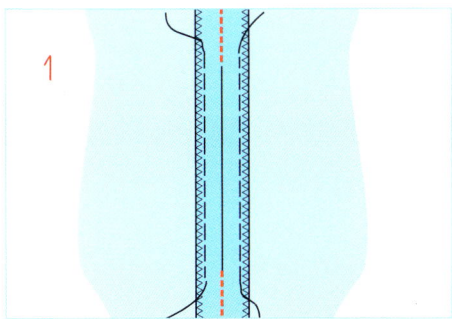

Die Naht bis auf den Reißverschlussschlitz schließen und die Nahtzugaben auseinanderbügeln. Die Nahtzugaben am Reißverschlussschlitz ggf. anheften.

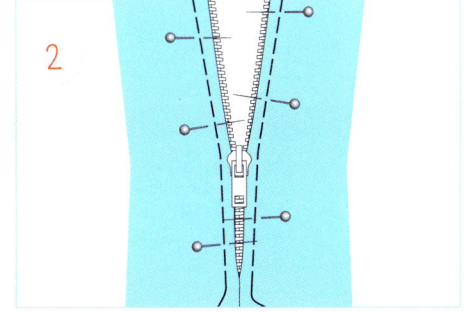

Den Reißverschlussfuß der Nähmaschine einsetzen. Das Teil auf rechts wenden und den Reißverschluss unter dem Schlitz feststecken oder heften. Die 1. Seite des Reißverschlusses mit einem Abstand von ca. 0,5 cm zur Bruchkante festnähen.

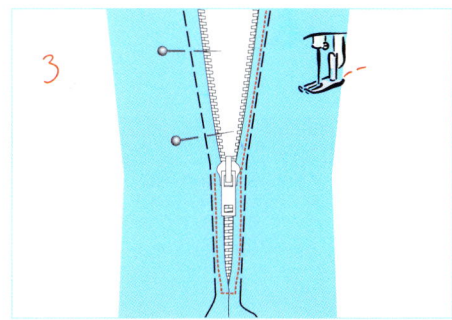

Am unteren Ende des Reißverschlusses die Nadel im Stoff lassen, das Füßchen heben, das Teil drehen und quer zur 1. Naht zur 2. Seite nähen. Die Nadel wieder im Stoff lassen, das Füßchen heben und das Teil erneut drehen. Dann die 2. Seite ebenfalls absteppen.

Impressum

Entwürfe: Beate Pöhlmann

Fotos: Uli Glasemann, Bernd Pöhlmann (S. 34)

Styling: Elke Reith

Redaktion: Angelika Klein

Lektorat: Claudia Schmidt

Technische Zeichnungen: Bernd Pöhlmann, Claudia Schmidt

Satz und Umschlaggestaltung: GrafikwerkFreiburg

Reproduktion: Meyle + Müller GmbH, Pforzheim

Druck und Bindung: Gruppo Editoriale Zanardi SRL, Italy

ISBN 978-3-8410-6185-0

Art.-Nr. OZ6185

© 2014 Christophorus Verlag GmbH & Co. KG Freiburg

Alle Rechte vorbehalten.

Hersteller

Kurt Frowein GmbH Co. KG, Wuppertal
www.kurt-frowein.de

Sport-Thieme GmbH, Grasleben
www.sport-thieme.de

Stof A/S, Klampenborg (Dk)
www.stof.dk

Westfalenstoffe AG, Münster
www.westfalenstoffe.de

☎ Kreativ-Service

Sie haben Fragen zu den Büchern und Materialien? Frau Erika Noll ist für Sie da und berät Sie rund um alle Kreativthemen. Rufen Sie an! Wir interessieren uns auch für Ihre eigenen Ideen und Anregungen. Sie erreichen Frau Noll per E-Mail: mail@kreativ-service.info oder Tel.: +49 (0) 5052 / 91 18 58 Montag bis Donnerstag: 9–17 Uhr / Freitag: 9–13 Uhr

Besuchen Sie uns im Internet: www.christophorus-verlag.de